_____ 님 두손에

작가의 말

안녕하세요.

저는 글을 쓰는 것을 좋아하는 송도아입니다.

여행을 가거나 카페에서 글을 쓰기도 합니다.

제가 글을 쓰는 이유는 심심하기 때문입니다.

왜냐하면 심심함을 깨기 위해서

그래서 찾은 게 바로 글을 쓰는 것입니다.

할 일도 생겨나니까 힘도 생기고 자신감도 생깁니다.

제가 글을 쓸 때의 마음은 행복한 마음도 있지만 시원한 마음도 있고

마음이 평안합니다.

앞으로도 더 열심히 노력해서 더 좋은 글을 써서

여러분들께 인기인이 되겠습니다.

instagram@dangdang_doa

TO. 세상 사람들에게

세상 사람들 안녕하세요. 저는 한국복지대학교에 재학 중인
송도아입니다.
전, 세상 사람들에게 희망의 메시지를 주고자 합니다.
사람들이 저의 글을 보고 힘을 얻었으면 좋겠습니다.
힘내세요. 전 세상 사람들을 응원합니다. 오래오래 건강하시고
건강하게 살아계셨으면 좋겠습니다.
세상 사람들께
희망과 힘 또는 기쁨으로 선물하고 감동을 드리겠습니다.

2022년 3월 10일 (목) 요일

− 세상 사람들의 빛 도아 드림 −

● 일러두기

시인만의 독특한 어휘를 최대한 살렸습니다.

● 송도아작가의 목소리로 들어보는 〈나도 시인이 될래〉

QR코드를 찍으시면 송도아작가가 낭송해 주는
여덟 편의 시를 감상하실 수 있습니다.

나도 시인이 될래

송도아

목차

작가의 말

세상 사람들에게

🌼 도아야 뭐하니 🟡

오늘도 즐거운 하루	09
나의 하루	10
따뜻한 차 한잔	12
2022년에는	13
그리운 날	14
나도 이제 어른이다	15
즐거운 추석	16
오늘이 그날이다	17
첫눈	18
오늘은 크리스마스 이브의 날	19
추억여행	20
아무것도 하기가 싫다	21
체험학습	22
안녕?	24
제주앞 바다, 다방에서	25
독도는 우리땅에서	26
생일	27
힐링	28
바닷가에서 야자수 밑에서	30
애써 눈물을 참아보려고 해도	31
술만 3번째 마시다	32

🟡 가족사진 🟡

자는척...................................37
가족사진..................................38
사진 속..................................40
어느 한 카페에서........................41
엄마, 아빠 날 웃게 만든다..............42
행복한 수다.............................43
가족여행................................44
비 내리는 창가에서.....................45
나를 한번 바라 봐요....................46
어머니의 손.............................47
제비꽃과 함께..........................48
숲속에 있는 카페에서..................49
우리 아빠는.............................50
수다....................................51
즐거운 일요일.........................52
나에게 건네준 한마디..................54
가을바람...............................55
수다 왕 월급쟁이......................56
나의 동생을 바라보며.................58
엄마의 따뜻한 심장 소리..............60
할머니가 해준 팥죽...................62

나도 시인이 될래

- 나도 시인이 될래...............................67
- 지금도 행복해...................................68
- 거기 누구 없어요. 살려주세요........69
- 내 방이 그립다..................................70
- 창밖의 여유......................................71
- 나는 요즘에......................................72
- 나의 꿈..73
- 내 마음을 훔친 작은 카페..............74
- 바람..75
- 맑은 날 창밖에 앉으며....................76
- 다방..77
- 레몬..78
- 감성카페...79
- 여기에 남아서..................................80
- 동심속의 추억..................................81
- 바람부는 날.....................................82
- 하늘을 바라보며..............................83
- 멍하니 바라만 본다.........................84
- 옛날, 그 골목길..............................85
- 따뜻한 밥 한 끼..............................86
- 나는 지적 장애인이야.....................87
- 오늘은 좀 나 혼자 있고 싶다........88
- 봄이 왔나 봄...................................90
- 떨어진 나뭇잎..................................91
- 어느새 별이 된 고인......................92
- 먼지..94

🌼 매일 그대와 🌼

내가 좋아하는 배우 소개하기 099
12월의 첫눈 100
우리 좋았잖아 101
선물 102
수고했어 널 많이 사랑해 103
고백이라도 104
세상에서 아름다운 밤 105
비오는 창가에 앉아 106
다시 봄 108
비가 내리는 창가에서 109
오늘부터 1일 110
너 옆에서 내가 지켜줄께 112
우리 이제 그만하자 113

엄마의 글 114

아빠의 글 116

동생 시은의 글 117

동생 주아의 글 118

도아야 뭐하니

오늘도 즐거운 하루

오늘은 즐거운 날이었다.

불금이라 그런지

그냥 다 좋다.

맑은 하늘도 노을도

야경까지

뭐 별거 없지만

그래도 아무튼

금요일이라서 기분이 좋다.

나의 하루

나의 하루는

이른 아침 눈부신 햇살에 일어난다.

햇살이 나를 반가워하고 나도 햇살을 반가워한다.

햇살이 너무 눈부셔서 오늘도 햇살 때문에 일어났다.

벌써 아침이라니

나는 도무지 이해가 안 된다. 그래도

어쩔 수 없이 받아들여야 한다. 나는 아침에

일어나자마자 먼저 하는 일

화장실에서 세수로 시작한다.

그리곤 몸무게를 재고

얼굴에 바르는 로션을 바른 뒤 머리를 빗고

머리를 묶는다. 엄마가 차려주신 점심을 먹고 난 후

또 나는 취미생활을 즐기고

하루가 반복적으로 흘러가는 똑같은

하루가 반복이 생기고 그러다 벌써 하루가

다 갔네 이젠 지칠 때가 됐는데 반면

지구는 빠르게 돌고 그리고 난 이젠

어느덧 성숙한 어른이 되었고 나는 제일 행복하다.

울 엄마, 아빠가 날 웃게 해주니까

더욱더 감사할 따름이다.

따뜻한 차 한잔

겨울에 한잔

여름에 한잔

가을에 한잔

따뜻한 차 한잔

추울 때 한잔

비올 때 한잔

눈 올 때 한잔

추욱 쳐질 때 한잔

따뜻할 때 한잔

카페 가서 한잔

집에 가서 한잔

2022년에는

2022년에는

달님이 열어주고

밝은 햇님이 밝혀준다.

작은 문과 연결되어 있는

별님은 소원을 빌고 또 빌어

2022년을 선물로 주었고

2022년에는 하고 싶은 것도 해야 하고

꼭 해야 하는 것들도 하나들씩

점점 늘어나고 있다. 2022년 한해

쌀쌀하게 보내야겠다.

붕어빵과 호떡을

먹으며 겨울을 잘 보내자. 2023년을 위하여

그리운 날

3월이 그리운 날

이제 4월달이 다가오고

내일의 그리움 벌써 3월은 지나가고

나는 또다시 추억의 여행을 담아 가고.

4월이 오면, 추억을 담아 가겠지. 그리운 날

그리운 3월의 추억

보고싶다. 벌써 마음은

아직 봄인데, 어쩌다 현실로 나타나

쌩하고 떠나가 버린 어느 3월의 마지막을

부모님과 마지막을 3월의 고요함을 떨치며

나도 이제 어른이다

초등학교 중학교

졸업을 했고

고등학교도

이제 곧 졸업이다

나도 이젠 어른이 되어간다.

대학생이 되어

나만의 공간이 생겨난다.

즐거운 추석

행복한 한가위

너와 함께 보내고 싶어

어른들과 함께

모여 놀고

하루 종일 똑같은

시간들이 지나가고

추석이 왔고 놀다가

하루가 다 가고 하지만 난 혼자 추석을 맞이하네

오늘이 그날이다

오늘이 그날이다.

나는 그래서 배가 아프다.

어떻게 해야 할까

아니면 엄마한테 이야기할까

배는 아픈데

어떻게 해야 할까

고민 중이다.

아직도 아픈데

참아야 할까

첫눈

오늘은 첫눈이

찾아왔어요.

첫눈이 오면

따뜻한 차 한잔 마시며

몸을 녹이고 있다.

첫눈이 조용하게

말없이 내리고

있고 언제나

첫눈처럼 하얀

눈이 도로 위에

덮어간다.

오늘은 크리스마스 이브의 날

크리스마스 이브를

추억으로 보내고

2022년 새해에는

더 행복하게 지내자.

오늘보다 더 즐겁게 행복하게

재밌게 하하호호 웃으며 다 함께

어제보다 오늘 더 언제나

2021년은

이젠 안녕 그만큼 오늘은 즐거운 날

크리스마스 이브의 날은 역시 놀아야 제맛이다.

해피 크리스마스

즐거운 크리스마스, 그리고

메리 크리스마스

잘 보내야지.

추억여행

이번 추억 여행은

참, 즐거웠다.

재미있었다.

할머니와 할아버지 엄마까지

제주도에 와서

힐링이 되고

마음이 편해진다.

그만큼 할아버지와 할머니도

힐링이 되었습니다.

웃음꽃이 피었습니다.

이번 추억여행은 행복하다.

아무것도 하기가 싫다

아무것도 하기가 싫은 날

하는 일도 없는데 힘든 날

비는 오지 않아도 기분이 안 좋은 날

나는 정말 아무것도 하기가 싫어진다.

오늘따라 더 힘들어 보인다.

체험학습

우와~ 체험학습 한다.

앗싸~ 신난다. 오늘보다 더 즐겁다.

나는 항상 행복하다.

체험학습은 조금 힘들지만

빙그레 웃어보자. "와~신기하다."

크게 실수라도 하면 삶의 주인공인

내가 다칠 수 있으니까, 조심히 놀아보자고

한다. 너무 상쾌하고 바람이 불어오면

나의 마음이 시원하다. 마음에서 살랑살랑

바람이 불어오고 편안하게 기분이 매우 좋다.

'아? 현장학습은 아~ 이런 곳이구나.'라고 말하곤

어느새 제과점에 도착했고 여기선

동영상을 보곤 바로 체험실에 가서

과자봉지를 겹쳐

스카치테이프를 붙이는 여러 학생들을 보곤

우리들도 체험을 하곤 "아~ 배고파"

뭐 먹지? 생각을 한다.

안녕?

가족분들 안녕하세요.

친구들, 동생 언니 오빠, 누나형들

안녕? 모두들 잘 지냈어요. 용기 내어 내가 먼저

꺼내던 말. 난 처음으로 말을 건넨다.

사랑해요.

왠지 뜬금없는 말 같지만 벌써 설레네요.

저 오늘 방학했어요.

졸업하는 오빠들 언니들 안녕?

이젠 마지막이잖아 고생했어 힘내서

대학교 잘 가 안녕~

제주앞 바다, 다방에서

제주야 안녕? 난 너무 좋아

앞바다에서 노니까 사람들은

추움을 견디며 제주바다에서 수영하니까

아이들은 더 놀고 싶어서 짜증을 낸다. "아~놀래"

하곤 다방에 들어선다.

이곳엔 특별히 장난감이 비록 많다.

어른들은 뭐든지 힘든지 한숨만 낸다.

하루 종일

내친김에 뻗은 아이들은 곤히 잠만 잔다.

독도는 우리땅에서

울릉도야 안녕? 우리가 왔어

너무 반가워 아름답구나. 이젠

또다시, 여행이야. 독도는 언제쯤 갈까?

항상 언제 어디서든 나의 마음은 독도에 있는데

울릉도의 바다는 진-짜 눈부셔. 햇님이

방긋 웃으시니까. 뜨거운 햇살 근데 너무 더워

이, 맛에 사는 거야. 난, 이미 내 맘은 벌써 독도에

있는 것 같네. 정신 차려 여긴 어디? 바로 눈앞에 딱

울릉도가. 한눈에 반하고

생일

오늘은 나의 생일이다.

생일인 만큼

더욱 빛나는 보석과도

같은 내 생일이 아름답다

맑은 하늘과

노을의 붉은 햇빛이

나를 비추고 있다.

주인공은

생일이 오는 날만

더더 특별하다.

힐링

숲속에서 힐링하자. 바람맞으며 햇볕에 몸을

맡기자. 꽃길을 걸으며 좋은 공기 마시자.

나는 항상 힐링하고 싶다.

나에게 힐링이란 숲속을 바라보며 글을 쓰는 것이다.

이, 글에서도 힐링을 느낄 수 있다.

나의 시에서도 힐링하길

우리 다 함께 제대로 힐링하자.

서로서로 두 손을 맞잡고 인연이랑

걸어보자. 가족들도 힐링을 한다.

난, 역시 지금 이 순간이 힐링하다.

어머니는 아직 힐링을 못 느끼고

아픈데도 계속 요리를 해주신다.

날 위해 하신다. 울 어머니도 힐링을 하시길

힐링하자. 엄마같이

힐링해야지.

우리 세 가족뿐만 아니라 다른 가족도 힐링하고 가세요.

힐링은 그 누구도

할 수 없다 해도 할 수 있습니다.

바닷가에서 야자수 밑에서

나는 바닷가에서

야자수 나무 아래

바닷가 보면서

멍하니 바라만 보고 있다.

그러다 잠들어 버렸다.

바닷가에서 야자수 밑에서

나는 힐링하러 왔다.

넓은 그늘 아래

첨벙첨벙 왁자지껄

하하호호 웃으며 아이들은 신나게

놀고 있다.

애써 눈물을 참아보려고 해도

태연한 척 애써 눈물 닦아보려고 해도

어느새 왈칵 쏟아진 눈물은 참기 힘드네요.

여기 아무도 안 계세요. 저 좀 외롭거든요. 저를

와락 안아주실 분 없나요.

가족분들은 저를 무시해서요.

전 지금도 가족이 있어도 외롭거든요. 전

언제까지 힘들어야 하나요. 저를

지켜주세요. 나는

왜 늘 혼자인가 생각해 봐도 나만

힘든가 봐요.

술만 3번째 마시다

나는 안주 없이 술만 3번째 마시고 있다.

아빠랑 엄마랑 다 함께 있으니까

취하고 싶은 날은 화요일이다.

참 좋다

저녁 하늘이 푸르다.

난 안주도 없이 술만 3번째 마시고

취한다.

가족사진

자는 척

우리 아빠는

자는 척을 한다.

내가 와도, 엄마가 와도

계속 자는 척하는

아빠

자는 척하다 엄마에게

걸리고 움찔거리다

또 다시

자는 척을 한다.

자는 척 말고

그냥 잤으면 좋겠다.

가족사진

그리운 가족은 가족사진을 본다.

가족은 마치 그림과 같아

가족사진 찍으려 하는 가족들

가족사진 보고 잘 나왔다 하며

흐뭇하게 그저 보고만 있다.

그리운 것을 벌써 생각하네 가족들이

가족들은 언제나 즐거워.

추억이 새록새록 생각나네

난 살짝 눈물이 나올 것 같아서

부모님 안고 울었다.

하지만 가족사진은 여전하다.

사진 보며 아이들은 펑펑 운다.

추억이 난다.

담아 가다.

아직도 기억하고 있다.

세상이 다~

그럼 같네

아이 행복해

사진 속

사진 속에는 웃는

우리 가족이 방긋 웃는

사진들만

한가득이

남아있고 추억들로 가득 차 있네

사진 속 들에

추억이 있네

어느 한 카페에서

오늘은

시골 마을에서

마을 같은 카페에서

그때 마시던 것을 마시는 느낌

시골 같은 마을에

잠깐 쉬고 있는

우리 세 가족

나는 너무 신기해서

사진을

찍고 있다.

엄마와 아빠도

그때의 아이처럼

엄마, 아빠 날 웃게 만든다

엄마가 아빠가

날 웃게 해준다.

언제 어디서든

날 웃게 만들어준다.

행복하게

즐겁게 노는 것

만으로도

충분하다.

나는 행복하다.

엄마 아빠가 웃게 해주니까

행복한 수다

오늘도 어른들은 수다 삼매경이다.

이야기 속 어른들의 세계

어떤 이야기를 주고받을까?

하하 호호 웃으며 와자지껄

도란도란 이야기를 나누며

오랜만에 만난 친구들과도 가족들과도

동생들과도 선배들과도 포기를 모른다.

물 만난 물고기처럼 어른들도

수다에 빠진 마치 하이에나가 달려들듯이

수다에 달려든다.

행복한 수다

행복한 행복

가족여행

오늘도

제주도에 놀러 왔다.

이번엔

할아버지와 할머니랑

왔다.

참 좋은 가족여행이다.

즐거운 하루가

다 지나가고

지금은 석양과 마주 앉아

한동안 멍만 때립니다.

비 내리는 창가에서

비 내리는 아침에

나는 창가 앉아서 멍하니

창문을 바라보다. 난 그저

한숨만 나오네 한참 동안

앉아있다가 비가 그치고 나면

절로 감탄사가 나온다. 항상

비, 그치는 걸 보니 부모님이 그리워지네

늘, 내가 혼자는 아니다. 나도

가족이 있고, 나 하나로 충분하니까.

부족함이 없고 당당하게 다닐 수 있어서

나를 한번 바라 봐요

한 번만 나 한번 보고 웃어주세요.

잠시만 고개를 들어 주세요.

다시 한번 내 이름을 불러주세요.

내 손을 잡아주세요.

꼭 잡은 손을 놓지 말아 주세요.

나를 한 번이라도 바라봐 주세요. 저의 애절함을

맞잡은 손을 이젠 놓고서 나를 안아주세요.

세상 나긋하게

어머니, 나를 미워하지 말아요.

어머니 제 옆에 있어주세요.

어머니 어머니 어디 가세요. 나를 데려가 주세요.

가지 말아요. 어머니는 생명이니까. 나에겐 소중한

사람이니까.

어머니의 손

어머니의 손은 항상 따뜻해.

손길에 난, 늘 고맙고 고마워.

따뜻한 손 언제까지 따뜻하지.

늘 항상 엄마의 사랑이 필요하지.

제비꽃과 함께

우리 엄마가

좋아하는

커피

제비꽃과 함께 입속으로 사르르 녹는다

꽃 이름과 같은 제비꽃

제비꽃 색깔은 보라색이다.

숲속에 있는 카페에서

난 오늘도

숲속의 공주처럼

우아하게 우유를 마시고 있다.

숲속 작은 카페에서

엄마와 아빠는

마치

왕자가 되어

잠시는 숲속에서 공주와

다정하게 놀고 있다.

우리 아빠는

우리 아빠는

당당해

언제 어디서든

든든하니까

버팀이 되고

포근함이 있으니까.

우리 아빠 품속에서

난 어느새

잠든다.

품이 언제나 따뜻해

추울 때 꼭 안아주면

서로서로 편해진다.

수다

우리 이모들은

수다쟁이

하루 종일 수다만

하다가 하루만

가네.

수다는 끝날 기미가 없고

아이들은 지쳐 잠들고……

깨어 일어나면 애들이 집에 가자고 한다.

이제 힘든가 보다.

어쩔 수 없이 돌아가는 길에

애들도 수다한다

즐거운 일요일

오늘은 즐거운

일요일

일요일 날마다. 즐겁다.

오늘따라 왜 이러는지

아 이러면 안 되는데

괜히 너무 흥분하는 건 아닌지

걱정이다.

그래도 좋다. 이렇게 가족이랑 함께

시간을 보낸다는 게

행복하다.

나는 지금도 행복하다.

하하 호호 왁자지껄

이야기하며 즐겁게 웃자. 다 함께

즐거운

일요일

즐겁다.

나에게 건네준 한마디

어머니가 나에게 건네준 한마디

넌 예쁘고 뭐든지 잘 한다고 하셨다.

난 이 말이 씨앗이 되어

커져버린 싹,

평소에 듣지 않던 말 한마디

나는 그새 눈물 고인 나의 눈

눈물방울이 하나하나 떨어진다.

나에게 소중한 이야기다.

나는 그저 한숨만 돌리고 말없이 눈물만 흘린다

나는 그 순간 왈칵 쏟아진 눈물

막상 참아보려고 했던 눈물인데 어쩌나

가을바람

바람 바람

가을바람이

불어오고

가을 노래

들으며 거리를 걷고

엄마와 아빠는

손잡고

나란히

발맞춰

걷는다.

수다 왕 월급쟁이

우리 엄마는 수다 왕

월급쟁이다.

매일 17일마다

돈이 들어온다.

얼마나 받을까 궁금하다.

역시 엄마

돈 잘 버는

우리 엄마

엄마의 주머니가

무겁다.

돈이 많은가 보다.

지금 이 순간도 내가 들어도

무거운 만큼

노력해서 더 무겁게 채워

나를 먹이려고 하는 일

나도 엄마처럼

돈을 벌고 싶다.

수다왕

월급쟁이가

다 된 우리 엄마

나의 동생을 바라보며

내 동생은 예쁘다. 때로는 장난기가 많고,

짜증을 내고, 욕심을 낸다.

그리곤 어머니 품이 그리웠나

자꾸 안아달라고 한다.

내 동생은 세상에서 아름답다.

신체 접촉을 하거나 뽀뽀를 해 달라고 하면

그 어머니는 짜증을 내며 너무 단호하다.

나는 그저 흐뭇해한다.

살짝 조금 부럽기도 한다.

나의 동생은 또 다른 능력이 있다.

공부도 잘하고 시험 100점 맞고

내가 봤을 땐 아주 모범적이다.

동생은 차에만 타면 멀미한다.

한때 되게 눈부셨다.

근데 지금은 그의 어머니와 그의 이모를 괴롭힌다.

인사도 잘 안 하고 장난꾸러기 같아

엄마의 따뜻한 심장 소리

따뜻하게 들려오는

엄마의 심장 소리

나는 엄마의 심장 소리를 들으며

잠들고 싶다.

엄마의 심장 소리가

따뜻하게 들려오기 때문이다.

나의 자장가가

엄마의 심장 소리가 되었고

그 소리에 따라

나만의 안식처가 되었다.

난, 엄마의 심장 한구석에

콕 박혀있다.

마치 보석처럼

빛나는 보물들이

바로 나라는 거

엄마도 알고 있으니까

엄마의 심장 소리가 정말

따뜻해

할머니가 해준 팥죽

갑자기 할머니가 해준

팥죽이 그리워지네요

할머니의 손맛이

벌써 그립네요

우리 엄마는

그리운 할머니가

생각이 나나 봐요

나는 보고만 있는 것도

배부르다

아직도 지금도

우리 엄마는 행복하다.

나도 시인이 될래

제목; 나도 시인이 될래

글쓴이: 송도아

난 이제 시인이 되고싶어서

하루종일 글만쓰네

나는, 언제나 특별 하니까

나도, 시인이 될래 시인이

되면, 좋은글 사람들에게

주고싶은 마음이

내가, 더 크니까

난 이제 시인이

되어서 사람들에게

좋은글 주고 싶으니까.

지금도 행복해

나는 행복해.

지금 이 순간도

행복해.

언제나 행복해.

너무 행복해.

선물 받을 때

벌써 내 맘은

설레어 행복하기도

한다. 난, 아직도

행복하다.

여전히 행복하다.

영원히 행복 행복하다.

거기 누구 없어요. 살려주세요

거기 누구 없어요.

살려주세요.

허공에 아무리 소리를 질러봐도

아무도 없었다. 그래서 나는

홀로 남겨져 있었다.

파도는 점점 강해지고 있었고

비도 내리고 있다. 바다에 빠진

난, 그 누구도 날 구해줄 사람조차

없었다. 무서웠다. 한 치 앞도

보이지도 않았다. 금세 밤이 되어 버리고 말았다.

내 방이 그립다

오늘 처음으로 내 방이

그리워지고 내일이면

집에 갈 텐데

벌써 생각이 나네요.

문득 생각이 났어요.

내 방이 허전해진

주인 없는 방이

혼자 외로워하고 있는 것 같아서

한편으로 안쓰럽고

괜히 미안하네.

창밖의 여유

창밖을 여유롭게

바라보는 나

여유로운 일요일의

하루. 좋은 날

지금 엄마, 아빠는

수다 삼매경

난, 그 옆에서

시를 말없이

조용하게 쓰기 시작했다.

나는 요즘에

난, 요즘에 항상 글을 써

근데 생각 안 나. 생각을 하려 해 봐도

생각이 안 나는데 어떻게 하지

고민도 해보고 또 글을 써보려고 해도

멈추고, 막상 생각하려니

펜을 놓아 버린다. 그리곤 늘 나와 함께

나의 꿈

나의 꿈은 보조 선생님이다.

나의 꿈을 나의 가족들이 응원하고 있다.

엄마, 아빠 그리고 내 사촌동생 시은이까지

내가 믿기 어려운 것 같지만

고등학교를 졸업을 한다.

내 마음을 훔친 작은 카페

내 마음이

굳게 다친

내 마음을

열어준 작은 카페

내 마음속에

한구석에서 사르르

녹는다.

내 맘을 훔친 작은 카페

바람

바람 부는 날에

난 바람 속에

갇혀 살아가려고

온 힘을 얻어서

바람 속에서

빠져나가려고

한다. 바람바람

바람 바람 속

헤어나가려고

하는 바람 속 바람 속

바람 속에서 다 같이 도망갑시다.

맑은 날 창밖에 앉으며

하늘은 푸르고

나무도 나뭇잎도

살랑 살랑살랑 바람 타며

춤을 춘다.

앞마당에 나가면

아이들이 시끌벅적

재잘재잘 떠들고

잘 논다.

다방

다방에서

아름다운 햇살을

맞으며

커피의 한 잔에 여유를

가진다.

햇살이 내리쬐는

창가에 앉아

아이들은 다방 앞

동산에서 뛰놀고 있다.

레몬

아이 셔, 아이 셔

역시

레몬이다.

눈이 번쩍

레몬은 시다.

온몸이 부르르

떨리고, 레몬이 들어간

에이드는 마음을 춥게 한다.

춥다 춥다 하며 버티고 있다.

감성 카페

감성이 있는 작은 카페

나는 창밖에 앉아

아이들이 노는 모습 보려고

창밖에 바라보고

난 행복하다. 아이들이

노는 모습이 감성 카페

감성 카페는 감성이

공부하고

감정이 있다.

좁은 골목길에 있습니다.

여기에 남아서

맑은 하늘과 푸르른

넓은 들판에

남아 서성거리고

찾아가 보지만

아무것도 보이지 않는다.

결국 주저앉아 목 놓아

울고 말았다.

그때 내 앞에

한 줄기의 빛이

보이기 시작했다.

동심속의 추억

아이들과 동심

속으로 들어가

추억을 쌓아가고

살랑살랑 바람 불며

따라 춤추는 나뭇잎들

우수수 우수수

나뭇잎이

떨어집니다.

새소리와 저 너머엔 아파트가 보이고

그 앞엔 아이들이 놀고 있습니다.

또 배워갑니다. 아이들의 추억을 선물합니다.

바람 부는 날

바람 부는 날

오늘은 시원한

바람이 내 곁에

불고 나의 머리카락은

흩날린다. 나는

풍경 보는 앞에서

여유를 부리고

이젠 정말 헤어지는 시간

시간들은 한 시간

한 시간 흘러가고

똑같은 하루를 살아간다.

하늘을 바라보며

나는 밤하늘을 바라보며

따뜻한 커피와 차가운 레몬에이드를

마시면서 바라보고 있다.

구름과 하늘을

바라보니 문득

할머니와 할아버지가 떠오른다

낮에는 햇님이

밤에는 달님이

우리를 비춰준다

멍하니 바라만 본다

멍하니

하늘 만 바라본다.

한참 동안

멍하니 바라만 보고

오늘 하루 다

지나갔다.

오늘도 나는

맑은 하늘에 취하고 바람은 내 마음속에

와 닿았고 지금은

분위기에 취한다.

옛날, 그 골목길

옛날엔 그 골목길에서 친구들과 함께

밤늦게까지 놀던 때가

생각이 난다.

할머니들이 북적북적

모여 있었고, 어른들은

힘들게 돈을 벌었던

때가 생생하다.

지금은 교회 같은

카페에서 풍경을

바라보며 레몬에이드 한잔

따뜻한 밥 한 끼

따뜻한 집에서 먹는

밥 한 끼

맛있는 밥 냄새

냄새만 맡아도 벌써 배부르다.

따뜻한 집에서 먹는다는 건

나에게 큰 선물이다.

나는 지적 장애인이야

저는 지적 장애인입니다.

글 쓰는 것도 좋아하고 노래는 듣는 거보다는

노래 가사를 외우는 것입니다.

항상 늘 혼자 노는 걸 좋아합니다.

지적 장애인이지만 창의적입니다.

누구나 하나쯤은 가진 특징처럼

저 또한 가지고 있는 특별함입니다.

장애인이라고 놀리지 말고, 저를 도와주세요.

단 한 번이 아니라 마지막으로 기회를 주십쇼.

놀리던 아이들이 있다면 단호하게 등 돌리세요.

오늘은 좀 나 혼자 있고 싶다

오늘은 기분이 안 좋은 날이다.

매일 행복 한 건 아니다.

한 번도 생각하지 않았다.

나는 내가 혼자 힘들어하고 있다는 것을

난 깨달았다.

너가 이렇게 힘들어하는 것을

꿈에도 몰랐었는데

오늘 같은 날이 없었으면 좋겠다.

나는 가끔 나 혼자 있었으면 하는

생각이 문득 났다.

오늘은 내가 기분이 영 좋지만은 않다.

별로 밥 생각이 안 날 정도로.

입맛이 없기 때문이다.

봄이 왔나 봄

어느새 비가 내리는 아침

마치 그림처럼 조용하게 내리는

비, 비가 그칠 때면 무지개가

떠있다. 봄이 왔다. 다시 봄

봄비 맞으며 두 손 맞잡아, 봄 소풍 가자

하염없이 내리는 봄비, 언제 그칠까

난, 다시 한번 기도해~ 꼭, 다시 한번

봄이 왔다. 가는 봄 다시 돌아오는 봄

봄의 추억 속으로 다시 추억을 담아내는 봄

어? 봄이 왔나 봄?

떨어진 나뭇잎

여기, 떨어진 나뭇잎이 있어요.

나무에 바람이 너무 불어서

소외된 나뭇잎이 여기 있어요.

계곡에서는 맑은 물 소리가 들려오고

바람은 산들산들 불어오고 하늘이 푸르다.

우린 지금 낡은 할머니 집처럼

같은 공간에 있다. 나는

이 나뭇잎을 보면 자유롭게 느껴진다.

나도 나뭇잎처럼

자유를 얻었습니다.

앞으로도 더 자유롭게 지내고 있겠습니다.

어느새 별이 된 고인

반짝반짝 빛나는 고인의 별

별 보며 애써 태연한 척 울지 않으려고

노력하는 중이에요. 벌써 눈에는 눈물이 고이고

울지 않으려 해도 그 새 왈칵 쏟아진 눈물 나도

어쩔 수가 없었어요.

눈물이 말하고 있어요. 왜? 떠나가냐고 말이죠.

하아~ 더 울고 싶어지네. 눈물을 닦아보려고 해도

닦아도 눈물이 나는 걸 어떡하나요.

전 울고 있지만 글로도 표현하고 싶어 울지 않고

이, 어느새 별이 된 고인이라는 시를 써보고 싶었어요.

따뜻하게 천국에서 잘 살아봐요.

제가 옆에 없어도 응원할게요.

항상 제가 살아계셨을 때 놀러 가고 싶었어요.

미안합니다.

먼지

하루 종일

먼지를 안 치우고

먼지만 쌓여있는

구석에 앉아 하염없이

울고 있다.

그러다가

지쳐 잠이 들고

먼지가 되어

먼지를 마시고 있다.

매일 그대와

내가 좋아하는 배우 소개하기

내가 진짜로 좋아하는

배우 조정석 오빠를 소개합니다.

잘하는 것은 연기입니다. 제가

정말로 칭찬을 해주고 싶은 배우이기도

합니다. 고난도 연기에 저는 거기에만

꽂혀 반했습니다. 나는 걱정되기도 하고

다칠까 봐 조마조마했는데, 그나마

열심히 힌 노력에 그저 감탄만

나오고 베테랑 배우이기에

박수 한 번 쳐드리고 싶습니다.

믿고 보는 배우, 항상 칭찬을 할 정도로

수준급이며, 어벤져스 뺨치게

정말 안 죽고 사니까

제 맘이 편해요.

12월의 첫눈

벌써 겨울이 되었고

12월이 되었다.

첫눈이 내리면

12월의 첫눈이 찾아온다

조용하게 말없이

내려오는

12월의 첫눈

나는 첫눈에 반해 버린다.

우리 좋았잖아

널, 더 챙기고 널, 더 좋아했었어

그래서 난, 너를 더

사랑해. 내가 응원해

그래도 우리 좋았잖아.

우리

참, 좋은 시절이 난, 되게 재밌었어.

나도 널 많이 좋아해.

선물

넌 나의 선물

나에겐 너가

선물처럼 보석이니까

내가 너를 처음 만났을 때

참 좋았었는데……….

나는 너가 선물이라는 거

나도 알고 있어.

난 너가 고마워

그리고 언제나 널 응원해

너도 나만큼 기분이 좋아지니까.

수고했어 널 많이 사랑해

수고했어

난 언제나 널 많이 사랑해

오늘도 난

너가 행복한 걸

느꼈어

졸업 많이 축하해 넌

이 세상에서 빛이 날 거니까

고백이라도

고백이라도 해주오

난 지금 당장

고백하고 싶은데

이 고백이라고 받았으면

나의 고백이 차마 달콤한데

왜 받아주질 못하니

꼭 이 고백을

받아주길.

세상에서 아름다운 밤

세상에서 아름다운

야경에

아름다운 별빛이

반짝반짝 빛이 나고

야경을 볼 수 있는

광경이 신기하고

남산타워에 올라가

나와 그대와 함께

와인을 마시며

아름다운 밤을 창가에서 보네

비 오는 창가에 앉아

나는 비 오는 창가에 앉아

멍하니 바라보고 있다.

무슨 생각을 하는지 나도 모르겠다.

비가 내리는 창가에

홀로 서서 뭐 하는지

혹시

누군가 기다리나

뭐 이런저런 생각들이

스쳐 지나간다.

비 오는 날이면

영화 주인공처럼

우산을

날 씌어줄 남자가 있다면

그대와 함께 우산을

썼을 텐데

다시 봄

우리 봄 소풍 갈래요?

봄 노래 들으며 봄길 같이 걸을까?

두 손 맞잡으며 봄길에 첫발 딛는다.

벌써부터 설레는 봄

다시 찾아왔어요. 봄이

한결같은 봄은 늘 따뜻해.

비가 내리는 창가에서

난, 오늘도 우울합니다.

비가 내리는 어느 아침에,

비가 내리는 창가에 앉아

하염없이 비가 내리는 창가를 바라봅니다.

난, 그저 망설이다. 아~ 비는 추억에 그림이다.

비를 맞으며 걸으니까

마치 영화 속 주인공처럼 나도 주인공이 아니어도 주인

공처럼 해보고 싶은 게 있으니까

연인도 한다는데 난 못하나? 생각해도.

온통 머릿속은 하얀색이다.

오늘부터 1일

나, 너 좋아하는데

넌, 나 좋아하니?

대답은 나중에 하고 그냥 나 좋아하면 안 돼?

난 오늘부터 너 좋아할래

오늘부터 1일 어때?

어차피 넌, 대답 안 할 거잖아

너는 당황은 하지만

나는 오래전부터 널 좋아했었어

이제는 너와 데이트도 하고 싶고

맛있는 것도 먹고 싶은데

그래 알아

너가 부담스러워할 것 같아서. 근데 난

너가 좋아

이젠 너의 대답을 듣고 싶어

"난 너를 싫어하는데"

알겠어

내가 괜히 말 한번 잘못 꺼냈다

미안해

너 옆에서 내가 지켜줄께

너 옆에 내가 말 없이

지켜줄게 넌 그냥

내게 말 없이 옆에만 있어줘

괜찮아 울어도 돼

마음껏 울어

난 너가 한참

나아질 때까지 널 보내지

않을게

울고 나면 내가

널 웃게 해줄게 나는 너가 웃었으면 좋겠어

우리 이제 그만하자

우리 이제 만나지 말자

나 너랑 헤어지고 싶어

미안해. 더 이상 너 때문에 힘들어서

상처만 주는 너를 이제는

내가 널 놔 주려고 해

그래 알아 넌 그저 날 사랑하는 거

난 달라 나는 너를 사랑하지 않아

근데 있잖아

친구는 해줄게

또 언젠간 모르잖아

내가 널 사랑할지

그리고 나처럼

너도 날 차 버릴 거니까

엄마의 글

21번 염색체가 하나 더 많았던 너

심실에 구멍이 있었던 너

감기를 달고 살았던 너

애착인형 용을 잃어버리고 울고 또 울던 너

할머니 손잡고 닭장의 알을 꺼내던 너

왕 할머니 손잡고 빨간 토마토를 따던 너

어린이집 원장님 등에 업혀 소풍 가던 너

40분 치료 수업이 부족했던 너

에너지가 빨갛고 커다랬던 너

당당하게 초등학교를 입학했던 너

엄마 아빠 회식 가고 없던 날 4000원을 들고 동네에 나가 저녁 한 끼를 해결하고 집에 왔던 너

혼자 미용실에 가서 계단모양 2단 단발로 머리를 자르고 와서 엄마를 깜짝 놀래킨 너

장우산을 들고 집에 뛰어 들어가다 넘어지는 바람에 턱에서 피가 철철 나 병원에 갔던 너

심장이 벌렁거린다며 산을 오르지 않겠다던 너

교복을 맞춰 입고는 어른이 된 양 흡족해하던 너

방학마다 엄마 아빠 손잡고 여행 가던 너

첫 해외여행지인 체코 카를교 아래에서 17번째 생일 케이크를 사고 한없이 행복해하던 너

20번째 생일 날엔 로마 시내 곳곳을 아만보쯤 걷던 너

코로나가 시작되던 고3 학교를 하루도 못 갔던 너

한국 복지대 합격 전화를 받고 기뻐하던 너

그리고 출판사 대표님 처음 만나던 날 설레하던 너

너와의 에피소드를 전부 털기엔 종이가 짧다.

엄마는 너의 배와 그루브 감성 가득한 너의 노래를 사랑하고 방에서 하루 종일 앉아 음악 들으며 글을 쓰는 너를 존중하고 엄마 월급 날마다 수고했다며 편지와 용돈을 건네주는 너의 따뜻한 위로에 상상할 감사를 건넨다.

오늘 밤엔 니가 좋아하는 그린티, 체리쥬빌레, 슈팅스타, 피스타치오, 뉴욕치즈케이크 엄마가 쏜다.

아빠의 글

매일 뭘 그렇게 쓰는지,,,,,,
한 줄 쓰고 다시 쓰고
두 줄 쓰고 다시 쓰고
사람들이 도아의 글이나 편지를 읽고 좋아하고
글쓰기에 용기를 주는 일들이 생기기 시작했습니다.
게으르고 이기적인 아빠가
감히 엄두조차 내지 못한 일들이 일어나네요.
여전히 저는
도아가 글을 읽고 쓸 수 있다는 게
믿기지 않습니다.

동생 시은의 글

언니는 몇 년 전부터 계속 글을 써왔다. 일주일에 한 번씩 편지를 꼭 준다.
내가 받아온 편지를 보면 알 수 있다. 색다르지만 한결같은 편지이다.
시도 일주일에 두 번 정도는 꼭 쓴다. 지금 이 책에 실린 시는 언니가
몇 년간 성실하게 써 온 시다. 이 시는 3분 안에 읽을 수 있지만
언니가 30분 동안 고민하고 자신의 경험과 자신의 생각을 정성스럽게
담아서 쓴 것이다. 그러니 시를 읽을 때 조금 더 정성스럽게
읽어주었으면 좋겠다. 시는 언니의 일부이자 꿈이다. 이 책을 통해
언니의 꿈을 이룬다. 언니는 나에게 정말 특별하다. 그래서 이 책도
정말 특별하다. 나뿐만이 아니라 많은 사람들이 이 책을 특별하게
생각해 주면 좋겠다.

동생 주아의 글

2009년, 내가 언니를 처음 본 연도였다. 가족에게 손 편지를 자주 쓰고,

글쓰기를 좋아했던 언니, 지금까지 내가 봐왔던 언니이다.

그랬던 언니가 2022년 초, 지금 이렇게 시를 쓰는 시인이 됐다니.

언니에게 자랑스럽다는 말 외에는 할 말이 없다.

그동안 썼던 노력의 결실, 그 결실이 이 책이다.

그러니 이 책을 단순한 시집이 아닌,

그동안의 노력의 결실이 담겨 있는 소중한 책으로 봐 줬으면 한다.

나도 시인이 될래

1판 1쇄 펴낸날 2022년 4월 22일
1판 2쇄 펴낸날 2022년 9월 9일
지은이 송도아
그림 송도아
펴낸곳 경옥초이
인쇄 VIP C&P
이메일 kochoibooks@gmail.com
출판등록 2020년 7월 7일 제251-0020-000182호
ISBN 979-11-973365-5-3
Copyright©송도아 2022. All right reserved

이 책은 저작권법에 따라 보호받는 저작물이므로 무단전재와 무단 복제를 금지하며, 이 책 내용의 전부 또는 일부를 이용하려면 반드시 저작권자와 출판사의 서면동의를 받아야 합니다.

잘못된 책은 구입한 곳에서 바꿔드립니다.